# LETTRE

## D'UN ANGLAIS HABITANT LA VILLE DE ***,

### A SON AMI RÉSIDANT A PARIS;

#### ou

#### UNE MATINÉE DE LA BARONNE DE ***.

Puisse, mon ami, le tableau que je vais vous tracer de la principale cotterie de notre petite ville vous dégoûter à jamais du desir que vous me marquez de venir l'habiter. Choisissez toute autre retraite si vous voulez absolument renoncer à Paris; ou, si vous tenez à votre projet, préparez-vous à être tourmenté par le démon de l'envie, poursuivi par la calomnie, et à être témoin des méchancetés, des tracasseries et des ridicules qui règnent ici, sous les auspices d'une de ces femmes que le nom seul de vertu effarouche, parce qu'elles sont en possession de tous les vices. C'est sous la présidence de cette harpie qui se titre de baronne, sauf ses parchemins que personne ne connaît, mais en revanche cuirassée d'impudence, que se tient la principale réunion de notre petite ville.

En vous crayonnant le portrait de cette femme, ce sera vous donner une idée de son ame, puisqu'il est vrai de dire qu'elle se peint ordinairement dans notre extérieur, et dans notre manière d'être.

Sa taille est élevée, quoique en apparence un peu bouffie, elle n'en est pas moins naturellement maigre et décharnée comme l'envie : on pourrait, au besoin, faire sur elle un cours d'ostéologie. Elle porte le nez au vent; son verbe est dur et tranchant; sur sa figure, qui n'a jamais rougi, se peignent l'égoïsme, l'orgueil, la haine et le bonheur d'autrui. Dévorée de vanité, pleine de présomption, se pavanant comme le dindon, elle se croit au-dessus de tous et prétend donner le ton à la société, dont elle viole journellement les plus simples convenances.

A son char sont attelés deux individus dont je crois nécessaire de vous donner une légère idée.

L'un, bête par essence, méchant par caractère, réunit à ces deux *aimables qualités* une manière cahotée de s'exprimer qu'augmente encore un bégaiement naturel, qui seul suffirait pour le rendre insupportable.

L'autre est une de ces femmes dont on ne peut pas dire que la réputation est équivoque, car elle est parfaitement connue pour rendre quelques petits services aux personnes de son sexe qui aiment à jouir de toutes leurs facultés physiques. Sur ce simple aperçu vous pouvez juger de sa valeur.

Tous les vendredis, dès le matin, *Lebègue* et la dame des pensées de la baronne, que, pour cause, je surnommerai *Hic*, se rendent chez elle; et l'on tient un petit conciliabule, dans lequel on désigne ceux sur lesquels on déversera, dans le cours de la semaine, le plus abominable ridicule, et qu'on livrera à la critique la plus amère. Le choix de ces victimes étant fait, leurs noms sont envoyés dans la même matinée à une dame qui jouit de toute la confiance de la baronne, dont elle partage la turpitude, et celle-ci en instruit les femmes qui sont affiliées à ce cercle vicieux; mais je dois vous dire que rarement on acquiesce généralement à ce qui a été décidé par ce trio.

( 3 )

Ces premières notions données, il me reste, mon ami, à vous faire connaître encore plus particulièrement la baronne. C'est ce que je vais faire en vous rendant compte d'un entretien qui a eu lieu, le matin de l'un des vendredis, entre elle, son confident *Bègue*, et madame Hic. Peu vous importe de quelle manière cet entretien m'a été transmis; mais vous pouvez compter sur la véracité du récit que je vais vous faire; et pour n'en rien altérer je me servirai des expressions employées par ces trois personnages, et donnerai à leur entretien la forme qu'il eut entre eux.

Je ne sais par quelle voie la baronne avait été instruite que, d'après des confidences particulières, le secret de sa conduite intérieure avait été en partie dévoilé. Craignant le ridicule qu'on pourrait déverser sur elle, encore plus que d'affreuses vérités, parce que le méchant ne saurait se cacher à lui-même, elle attendait avec impatience ses deux confidens intimes. Ils arrivèrent; et c'est ici, mon ami, où il faut vous figurer que vous assistez à une scène dramatique.

Quoique la baronne fasse presque tous les frais de l'entretien, il est bon cependant que vous ayiez l'idée des réponses ou des observations que font ses interlocuteurs. Je vous ai déjà dit que je me servirais de leurs expressions. Un simple tiret vous désignera ou madame *Hic* ou le *Barbouilleur*.

La scène s'ouvre; et, comme cela doit être, c'est la baronne qui parle, sur le diapazon d'une tragédienne.

« Jamais, amis, votre présence ne me fut plus nécessaire. La colère me suffoque, j'ai peine à respirer, et je ne sais en vérité si vous pourrez me comprendre. Des infâmes, ennemis du triomphe et de la gloire dont je jouis ici, conspirent contre moi. Il faut que je me venge. Mais sur qui tomberont mes coups?

c'est ce que j'ignore : c'est à vous à débrouiller mes idées. Je sais qu'on a le dessein, et peut-être est-il effectué au moment où je vous parle, de faire circuler contre moi une copie manuscrite d'un de nos entretiens les plus secrets. Dans cette œuvre diabolique, j'y suis, m'a-t-on dit, ridiculisée de la manière la plus outrageante : on m'a même dit qu'on avait le projet de faire imprimer ce qui se passe dans notre conciliabule. Il y a des traîtres parmi les nôtres.

— Pas.... pas.... pas... po.... po.... possible, dit le barbouilleur !

— Incroyable, ajoute lourdement madame *Hic.*

Si ce sont des hommes, dit la baronne, c'est vous, Barbouilleur, que je charge de ma vengeance ; car si votre langue s'embarrasse de manière à ce qu'on ne comprend pas un mot de ce que vous dites, j'espère qu'il n'en est pas de même de votre courage, et que vous ne balancerez pas à risquer votre vie pour venger mon honneur.

— Ne pa.... pa.... parlons pas de.... de.... vo.... votre honneur ; mais su... suffit.

— Si ce sont des femmes, continue la baronne, j'en fais mon affaire. Je les traiterai comme j'ai traité cette mère et ses deux filles, qui ont eu l'insolence de dire que si je n'étais pas régentée et dirigée par Brunevil on me verrait faire sottise sur sottise ; que je me parfumais d'ambre pour qu'on ne s'aperçût pas que j'exhalais une odeur cadavéreuse ; et mille autres propos aussi insolens. Vous le savez comme moi, je n'ai pas attendu long-temps pour me venger de ces péronnelles, et je ne crois pas qu'elles oublient jamais la mortification qu'elles ont éprouvée de ma part lorsque le jour où il y avait cercle nombreux chez moi, elles osèrent s'y présenter. Je les laissai arriver jusqu'au milieu de mon salon ; là, je les arrêtai d'un ton foudroyant en leur ordonnant de sortir à l'instant. La mère toute déconcertée balbutiait une réponse : N'attendez pas, lui dis-je en lui montrant la porte, que je vous fasse mettre dehors. Sortez. Et me retournant du côté de la société réunie pour en recueillir les applaudissemens, je l'avoue, je fus un peu étonnée de voir sur les figures un signe désapprobateur ; mais j'étais vengée, cela me suffisait.

— Je vo... vo... vous ai ven.. ven.. vengée au... au... aussi ; car j'ai bi... bi... bien ri.

— Et moi donc, dit à son tour madame *Hic*, n'ai-je pas dit à droite et à gauche que j'étais bien contente....? Il est vrai que personne ne me répondit.

Je reviens à moi, dit la baronne. Mon cousin Jean Leblanc, surnommé *Compliment*, qui s'en va partout débitant des nouvelles, vraies ou fausses, chez les grands comme chez les petits, et dont l'opinion ressemble au roseau qui fléchit de tous côtés, me découvrira infailliblement celui ou celle qui a trahi le secret de nos entretiens particuliers.

— O... o... oui, i... i... il est bon pour ça.

La baronne reprenant la parole : On me reproche d'avoir dit à madame de Mar..... que j'étais surprise de l'accueil qu'elle avait fait à madame Boi..... que vous connoissez, et on l'approuve de m'avoir répondu séchement : *Je la vois avec plaisir parce que je sais l'apprécier.* Depuis cet instant j'ai abandonné madame Mar....., et l'ai livrée à elle-même. Qu'elle vole de ses propres ailes puisqu'elle le veut ; mais quand il me plaira, elle tombera aussi bas que je le voudrai.

— Oh ! ça.... ça..... sera bien fait.

Si une pareille femme, ajoute madame *Hic*, connoissait les convenances, bien certainement elle ne l'aurait pas reçue. Mettre en présence avec vous, madame la baronne, une baronne de la fabrique de

Bonaparte, c'est avoir perdu toute idée de ce qu'on doit à une femme de votre rang.

C'est comme ce commandant, continue la baronne, qui donne son salon pour faire danser des valets, et qui a la niaiserie de dire que c'est en faveur de l'allégresse générale.

— C'est.... c'est un fol....; il ne co... co... connaît pas la bien.... bien.... bienséance....... *Amen*, ajoute madame *Hic*.

Ne voudrait-on pas que j'admisse dans mes assemblées le corps des officiers de la garnison, presque tous gens de basse extraction ; l'un est le fils d'un fripier, l'autre d'un cordonnier, celui-ci d'un épicier, cet autre a été le valet d'un banquier : témoin ce pierrot qui veut jouer l'important. Non, j'en fais le serment, aucun d'eux ne sera admis chez moi, pas même cet officier qui est au moment d'épouser mademoiselle de St...., fût-il accompagné de sa femme, à moins qu'il ne se présente en habit bourgeois. Je ne permets qu'au colonel de se présenter à mon cercle en uniforme.

Dans... dans... mon régiment, nous é.... é.... é.... étions tous gens de qua... qua... qualité. Et madame *Hic* d'approuver en prononçant : *amen*.

N'est-il pas ridicule qu'on m'ait forcée de recevoir les Laflutte. D'où sort le mari ? Quelle est son origine, pour qu'il se permette de marcher sur ma ligne ? En vérité il y a un tas de gens qui se méconnaîtraient, si l'on ne prenait pas le soin de les remettre à leur place. Mais patience, je l'accueillerai de manière à lui ôter la fantaisie de se croire mon égal, et j'espère m'en débarrasser ainsi. Quant à la femme je veux bien continuer à la recevoir, pour ne pas me brouiller avec sa famille et ses alentours.

A propos, mon cher violon des bonnets rouges m'a annoncé qu'il nous venait un chef artificier qui s'était mal comporté dans les cent jours ; et il me conseille de ne point l'admettre dans ma société. Je profiterai d'un avis qui me vient d'une source aussi pure.

—Pu.... pu.... pure, sans doute. Violon des bo... bo.... bo.... bonnets rouges...... Suit *l'amen* de madame *Hic*.

—Que dire encore de cette pauvre princesse qui reçoit à sa table cet intrigant d'abbé chez qui mon père et mon frère, dans leur émigration, ont bien voulu loger, et dont ils ont honoré la table en voulant bien s'y asseoir pendant un an. Mon mari lui a fait le même honneur pendant trois mois : il lui a même fait celui de lui emprunter de l'argent. Mais cet homme, né dans je ne sais quelle caste, ne sait pas apprécier les faveurs d'une famille telle que la mienne, qui a bien voulu descendre jusqu'à lui. Est-ce que le vicomte, mon frère, ne s'était pas avisé, dans le cours de sa maladie, probablement en raison de ce que ses organes étaient affaiblis, de faire appeler ce cafard pour le confesser ? J'ordonnai à mes gens de ne pas le laisser entrer ; mais ces prêtres sont des reptiles qui se glissent en rampant : malgré mon ordre il étoit au moment d'être introduit chez le vicomte quand je lui barrai le passage ; il eut l'audace de me repousser en me disant que le malade l'ayant fait appeler, il le verrait malgré moi ( madame *Hic* s'absenta dans ce moment). Et savez-vous, mes amis, quelle était sa coupable intention ? D'engager le vicomte à s'exécuter en faveur des créanciers de M. le comte mon père, peut-être même pour les petits. *Hic*.

—Ba.... ba.... bannissez ce ca.... ca..... cagot.

Vos sentimens, mes bons amis, me sont trop connu pour que j'aie rien de caché pour vous, et dans ce que je vais vous dire vous applaudirez sans doute à la manière adroite dont je me suis conduite. Voici un des traits de ma vie où j'ai montré que j'avais une tête bien organisée, et l'esprit d'invention pour se procurer de ce métal si nécessaire quand on veut satisfaire et ses besoins et ses fantaisies.

M. le comte mon père possédait au suprême degré l'art de persuader l'homme à qui il avait le projet d'emprunter de l'argent ; il était en émigration à Verviers ; je lui adressai une lettre dans laquelle je lui mandai que s'il pouvait parvenir à se procurer une somme de 40 à 50,000 fr., je rentrerais de suite dans plus de 500,000 fr. de son bien. Il travailla si bien, qu'en moins de quinze jours il trouva un benêt de négociant pour lui prêter cette somme qu'il me fit passer, et avec laquelle j'ai acquis les possessions que vous me connaissez. Mon père rentra en France. Ce négociant, qui avait compté sur sa loyauté, lui écrivit plusieurs fois à l'effet de l'engager, à s'acquitter avec lui ; et mon père ne manquait pas de répondre à chaque lettre reçue, qu'il le priait de patienter. Comme il faut un terme à tout, le négociant se lassa d'attendre et se rendit à Paris, espérant que sa présence hâterait l'instant de son paiement. Mais il comptait sans son hote. Ainsi que j'en étais convenue avec mon père, qui occupait un appartement différent du mien, dès la première visite de son creancier, il lui annonça qu'il ne possédait plus rien, et que c'était à mes dépens qu'il existait. En ce cas, lui dit ce négociant, comme c'est au moyen du prêt que je vous ai fait que mademoiselle votre fille est rentrée dans vos biens, il est de toute justice qu'elle satisfasse à la dette que vous avez contractée avec moi, et j'espère que vous ne refuserez pas de me conduire chez elle.

En effet M. le comte me l'amena. Ce négociant eut la bonhomie de me faire le long détail de la manière dont mon père s'y était pris pour l'engager à lui faire un prêt de 50,000 fr. et j'eus la patience, d'écouter jusqu'au bout et sans l'interrompre ce que je savais aussi bien que lui. Quand il eut terminé ses lamentations : Monsieur, lui dis-je, vous avez été le maître de disposer de votre bien comme vous l'avez voulu ; permettez qu'à mon tour je dispose du mien suivant mes intentions. La dette contractée par M. le comte envers vous n'a rien de commun avec moi : je ne suis point votre débitrice, et ce seul mot vous dit assez que vous compteriez vainement sur moi pour un remboursement qu'il ne sera jamais dans ma volonté de vous faire. Si vous croyez avoir des droits pour me mettre au lieu et place de M. le comte mon père, usez-en : les tribunaux vous sont ouverts. Il ne me reste à vous dire autre chose, sinon que je vous engage à ne point réitérer votre visite. Ainsi fut soldée la créance de mon père : nous n'en avons point entendu parler depuis.

Voilà, m'a-t-on dit, les faits que prétendent révéler au public des gens dans lesquels j'ai eu la même confiance qu'en vous deux ; car j'imagine que ni l'un ni l'autre vous n'avez poussé l'indiscrétion jusqu'à en faire part à qui que ce puisse être.

—Je bar... bar... barbouille, et je ne par... par... parle jamais.

Ne pousse-t-on pas la sottise jusqu'à établir une comparaison entre la dame Meu.... cor.... et moi, en disant qu'au moins elle s'était arrangée avec les créanciers de son mari, à raison de 60 pour 100 ; que l'année d'après, ayant mis ordre à ses affaires, elle solda les 40 pour 100, quoi qu'assurément son traité l'eût libérée entièrement. Elle ne se renferma dans son acte qu'à l'égard d'un usurier, *dit Dargent*, qu'elle crut bien payé à raison de 60 pour 100. Qu'une petite bourgeoise, qui *s'imagine* que ses enfans seraient déshonorés parce qu'elle aurait préféré de leur laisser son bien au lieu de payer les dettes de son mari, eût tenu une pareille conduite, cela serait dans l'ordre. Il appartient à une femme de qualité d'avoir une manière de penser différente, parce que nous autres sommes obligés de tenir un rang dans la société. S'il fallait écouter tous ces gens à faux principes, on se ruinerait pour payer ses dettes ; comme si les sots n'étaient pas faits pour nous prêter l'argent qu'ils accumulent. A quel usage l'emploieraient-ils si nous ne prenions pas le soin de les en débarrasser ? Il n'y a pas jusqu'à ce petit avocat bancal qui, après avoir reçu le prix d'un avis que je lui avais demandé, me dit, en posant son argent sur son bureau: A présent je vais vous donner un avis gratis ; c'est que dans la position où sont vos affaires, il est de la justice et de votre honneur de payer à ma famille une somme de 6,000 fr. que M. votre père lui doit bien légitimement. Grand merci, lui dis-je ; quand je vous consulterai sur ce point, vous me répondrez. Et je lui tournai le dos.

Ce que je tiens, je le tiens bien. Si mon père a été assez mal adroit pour se ruiner avant la révolution, en empruntant de toutes mains et en payant une partie de ses dettes, moi j'ai recueilli de toutes mains, et je me suis enrichie dans la révolution et par la révolution : ainsi vive la révolution ! Quand j'en dis du mal, c'est pour donner le change et faire comme ceux qu'elle a ruinés.

— C'est ain... ain... ainsi que je fais.

— Un autre motif d'animadversion contre moi, et sur lequel on prétend me régenter, c'est sur le petit plaisir que je goûte à réduire à zéro toute assemblée qui doit se réunir chez une dame qui n'a pas eu, avant tout, la précaution de me faire part de ce projet. Mais que prétend-on réprouver dans la conduite que je tiens en pareille occasion ? N'ai-je donc pas le droit d'user des avantages que mon titre, ma fortune et mon amabilité me donnent dans la société ? J'invite les personnes que je reçois ordinairement à se rendre le même jour à mon assemblée : elles y viennent, parce que ma société leur paraît plus aimable que toute autre. Est-ce donc un tort de plaire généralement ? Ne suis-je pas maîtresse de mes actions ? Ce n'est pas toujours de ce moyen dont j'use pour faire sentir aux dames dont je parle ma supériorité sur elles : il me suffit d'envoyer le matin mes gens chez telle dame, et de lui faire dire que j'irai passer la soirée chez elle, pour qu'elle se fasse un devoir de communiquer mon intention à toutes les personnes qui se réunissent ordinairement, chez moi : pas une seule ne manque à cette silencieuse invention ; et la dame qui s'est donné les airs de vouloir tenir cercle sans m'en donner avis, est certaine de n'avoir ni le plaisir ni l'embarras de la réception de ceux qu'elle attendait.

Ici se borne ce dont on m'a rendu compte ; mais comme il ne vous peint notre baronne que de profil, je vais ajouter des traits caractéristiques de sa vie qui vous la feront encore mieux connaître.

Nous avons ici une dame à qui l'on a donné le surnom de la bonne Mère coupable. Cette dame a un gendre dont le nom mérite d'être gravé dans les fastes sanglans de notre révolution. C'est une idole pour la baronne. Je lui dois mon appui, dit-elle à ses intimes, parce que nos façons de penser sont les mêmes. Comme lui, j'ai usé de la loi du divorce, et j'ai profité de l'espèce de banqueroute que j'ai fait faire à mon père. Comme lui, je me ris de ceux qui se prétendent mes créanciers. Si le sort eût été juste, il nous aurait unis ensemble. Avec quel plaisir j'ai lu dans le journal la manière dont il justifie les actes de sa vie. Comme il déraisonne avec esprit et légéreté ! avec quelle adresse il ment sur tous les points, et passe légèrement sur les réflexions de ses imbéciles créanciers qui s'imaginent que c'est une déloyauté que de ne pas payer ses dettes, et qui disent bêtement que s'il est vrai qu'il a donné 250 mille francs aux pauvres, il aurait mieux fait de les conserver pour les payer. Des gens à petites vues blâment le joli feu de joie qu'il leur a donné en 91, en faisant brûler des marchandises, anglaises ou non, qui étaient la propriété de négocians français. Ils le blâment d'avoir détaché deux de ses ouvriers à M. Dup...y, qui ne prenait pas part à cette petite fête, pour l'engager à l'honorer de sa présence. Ils le pressèrent un peu durement; mais est-ce la faute de ce brave homme, qui au reste était plein de procédés pour les dames? Ne l'a-t-on pas vu au concert s'empresser de présenter une chaise à madame Lelon.... en lui disant. Asseyez-vous, madame la vicomtesse de *cinquante* louis, faisant ainsi une allusion très plaisante à l'amende de 50 louis à laquelle l'avait condamnée le district, pour avoir pris cette qualité dans un acte. Et quand on se rappelle avec quelle dignité, le bonnet rouge sur le coin de l'oreille, cet agent des régicides marchait en tête du cortège qui, en 92, annonçait le massacre des prisonniers détenus dans toutes les prisons de la France! Jouant sur son violon cet air charmant : *Ça ira, ça ira !* N'oubliant rien, il a provoqué un bal pour célébrer ce massacre régicide, et un autre pour l'abolition des cultes : on ne vit, il est vrai, à ces bals, que de la canaille; mais le motif n'en fut pas moins louable. Aujourd'hui il nargue ses créanciers, mange avec ostentation une succession réunie aux profits de sa faillite : où est le mal? Quant à moi je ne vois dans tout cela rien. qu'on ne doive imiter (1).

Je m'en fais gloire : j'ai divorcé, parce que toute honnête femme devait le faire dans la vue de con-server son bien. Mon mari fatigué de l'émigration s'est avisé de rentrer en France : j'aurais été blâ-mable si, étant divorcée, je l'avais reçu chez moi. Je l'ai en conséquence envoyé à l'auberge. D'après notre séparation, j'avais contracté d'aimables habi-tudes auxquelles je ne voulais point renoncer ; et dans ces cas la présence d'un mari est par trop gênante. Quand on me faisait sur notre séparation quelques observations amicales, je m'en excusais en disant : que M. le baron se livrait aux liqueurs spiritueuses, et qu'alors il avait des momens diffi-ciles où tout le contrariait, et que, pour être en paix avec lui, j'avais trouvé prudent que nous eus-sions un domicile séparé. C'est en me justifiant de cette manière que j'ai obtenu une dot sur les biens de mon père, et une autre dot sur ceux de mon mari. Des nigauds prétendent que sur ces dot je devrais acquitter les dettes du baron et celles de mon père. Cette logique n'est pas la mienne.

Telle est, mon ami, la femme qui donne le ton à notre petite ville. Les sots, et nous en avons un bon nombre ici, l'admirent et l'adulent ; les honnêtes gens la méprisent souverainement, plusieurs d'entre eux vont à ses assemblées par politique ; on la craint : je veux dire qu'on craint sa langue perfide. Mensonge sans esprit, médisance maladroite, ca-

---

(1) Comment un tel homme a-t-il osé se fixer dans une ville où il est aussi horriblement connu? C'est parmi la horde des êtres de son espèce qu'il aurait dû se choisir une compagne. Alors une famille respectable n'aurait pas à gémir de sa monstrueuse alliance, sur laquelle elle gémit journellement.

lomnie atroce et grossière, voilà les armes favo-
rites dont elle se sert pour nuire à ceux à qui elle
sait être en horreur, et qui, connaissant sa vie
passée comme ses actions présentes, sont, par cela
même, redoutables pour elles. En les livrant à la
critique générale, elle croit neutraliser les justes et
affreux reproches qu'on pourrait lui faire. Mais
sur ce point son erreur est grande, et le moment
où on pourra lui arracher le masque trompeur
dont elle se couvre n'est pas éloigné. C'est alors
que, livrée au mépris et à la risée générale, elle
sentira, mais trop tard, que ce n'est que par une
conduite franche et la réparation de ses injustices,
qu'on peut, sinon faire oublier, au moins pallier
les erreurs de sa vie passée.

Adieu, mon ami, adieu. Si vous aimez votre
repos, redoutez le séjour de notre ville comme vous
redouteriez d'aborder un précipice.

*P. S.* On dit ici qu'une société de pauvres créanciers se propose de publier un roman historique sous
le titre de :

*La Baronne sans parchemins*, fidèle agente des
régicides, et, de plus, véritable modèle de tous les
ridicules.

FIN.

De l'Imprimerie de DOUBLET, rue Git-le-Cœur, n°. 7.